Oggi sto male,
Domani starò meglio.

In questo libro, troverai consigli per guidarti sul cammino della guarigione emotiva e del sollievo dallo stress.

L'ansia può rendere la vita quotidiana difficile, invadere i nostri pensieri e impedirci di essere al meglio di noi stessi. Attraverso citazioni elaborate, esercizi pratici e domande di sviluppo personale, questo libro è pensato per essere un vero sostegno se stai attraversando periodi di depressione o ansia.

Ogni pagina ti offre l'opportunità di comprendere meglio i tuoi pensieri, le tue emozioni e le tue reazioni.

Puoi portarlo ovunque con te per aiutarti a gestire lo stress. Usalo come una vera guida !

SOMMARIO

La depressione e l'ansia sono una realtà. Quello che possiamo condividere sui social network o mostrare agli altri è falso. Riveliamo i nostri momenti migliori, ma mai i peggiori.

Ho pensato di scrivere questo libro per condividere i miei momenti di depressione affinché voi non vi sentiate soli nelle vostre battaglie personali.

Cerco sempre di capire le mie, ma tentare di documentarle e raccontarle mi ha aiutato.

Alcuni giorni sono migliori di altri. Ma ciò che ho imparato è che non siete la vostra ansia, state solo cercando di gestirla.

Ogni giorno in cui riuscite ad appacificarla è un giorno migliore. Ogni piccola vittoria è un grande passo.

La mente può essere una cosa meravigliosa, non lasciate che vi distrugga.

Credete in voi stessi. Non vergognatevi e non arrendetevi.

Victoire Charlie

Sei pronto/a ad impegnarti nel tuo personale processo di guarigione ?

☐   ☐

SÌ   NON

La mia situazione attuale

Rispondendo a queste domande, potrai misurare la tua evoluzione alla fine di questo libro.

1. Qual è il tuo stato emotivo generale in questo momento ?

. . . .

. . . .

. . . .

. . . .

. . . .

2. Puoi identificare i fattori scatenanti o le possibili cause della tua ansia o del tuo malessere ?

. . . .

. . . .

. . . .

. . . .

. . . .

3. Quali sono i principali pensieri negativi che ti vengono in mente regolarmente ?

. . . .

. . . .

. . . .

. . . .

. . . .

4. Quanto sei motivato/a ad apportare cambiamenti positivi nella tua vita ?

. . . .

. . . .

. . . .

. . . .

. . . .

5. Come immagini la tua vita se riesci a superare la tua ansia ?

. . . .

. . . .

. . . .

. . . .

. . . .

6. Hai già provato tecniche o metodi per gestire la tua ansia o il tuo malessere? Se sì, quali? In che modo ti hanno aiutato ?

. . . .

. . . .

. . . .

. . . .

. . . .

"Penso che la cosa più difficile sia non sapere come esprimere ciò che sento.

La mia mente gira a vuoto. E quando provo a spiegarlo agli altri, non funziona, nessuno mi capisce."

~~VOGLIO CAMBIARE.~~

CAMBIERÒ.

Sintomi dell'ansia :

Preoccupazione,

Agitazione,

Irritabilità,

Iper-vigilanza,

Problemi di concentrazione,

Tremori, sudorazioni o affanno.

Disturbi del sonno, insonnia o incubi,

Evitamento di alcune situazioni,

Ossessioni o pensieri intrusivi ricorrenti.

Sintomi della depressione :

Tristezza,

Sensazione di vuoto,

Perdita di interesse o piacere per le attività che prima ti piacevano,

Cambiamento dell'appetito e variazione del peso,

Disturbi del sonno, come insonnia o ipersonnia,

Fatica persistente o perdita di energia,

Sentimenti di colpa o di inutilità,

Difficoltà a concentrarsi o a prendere decisioni,

Pensieri negativi ricorrenti.

Riscontri alcuni di questi sintomi ? Se sì, quali ? Ne hai altri ? Come si manifestano?

. . . .

. . . .

. . . .

. . . .

. . . .

. . . .

. . . .

. . . .

. . . .

. . . .

CAPIRE LA MIA ANSIA

I sintomi della mia ansia :

Quando è iniziata la mia ansia ?

Quali sono i miei pensieri o le mie preoccupazioni ricorrenti ?

Come la mia ansia influisce sulla mia vita quotidiana ?

LA MIA ANSIA :

C'è una situazione o un evento che ha scatenato la mia ansia? (Fobia, divorzio, malattia, lutto, disturbi ormonali, shock emotivo, ...)

Su una scala da 1 a 5, dove si colloca la mia ansia nella mia vita quotidiana ?

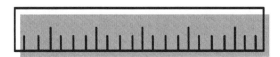

Descrivi le sensazioni fisiche della tua ansia :

Annota tutte le frasi che vorresti sentire quando sei in una situazione di stress :

. . . .

. . . .

. . . .

. . . .

. . . .

. . . .

. . . .

. . . .

. . . .

. . . .

. . . .

. . . .

. . . .

. . . .

. . . .

. . . .

Rileggi queste frasi, più volte se necessario, non appena inizi a sentire i primi sintomi di stress.

Questo ti aiuterà a rassicurarti e a canalizzare le tue emozioni negative.

"Quando nulla è certo, tutto è possibile."

Margherita Drabble

Quando ti trovi di fronte all'incertezza, quando tutto ciò che conosci sembra svanire, sappi che è proprio in quel momento che si aprono a te numerose opportunità.

Quindi sì, l'incertezza può essere intimidatoria, puoi sentirti insicuro/a. Ma il fatto di non sapere cosa ti aspetta in futuro, ti permetterà di prendere rischi, di conoscerti meglio e di realizzarti. Si esplorano, quindi, nuovi orizzonti.

Quando siamo alla ricerca di risposte chiare e di un piano ben definito, rischiamo di aspettare a lungo e di perdere l'opportunità di qualcosa che ci renderebbe veramente felici.
Questo non significa che l'incertezza sia facile da vivere e accettare. Può suscitare preoccupazioni e dubbi, ma è proprio in questi momenti che puoi crescere di più. Non avere paura di esplorare e di lanciarti nell'ignoto. È lì che si nascondono le sorprese più belle.

Ricordati, non scoraggiarti, permettiti di essere curioso/a, di sperimentare e di seguire i battiti del tuo cuore. È in questi momenti di incertezza che si delinea il tuo cammino verso il tuo personale successo. Hai il diritto di provare, sperimentare, sbagliare e avere fiducia nel futuro.

Quali sono i tuoi sogni ?

. . . .

. . . .

. . . .

. . . .

. . . .

Quali sono le cose che potrebbero bloccarti nel realizzare questi sogni? (Paura dell'ignoto, giudizio degli altri...)

. . . .

. . . .

. . . .

. . . .

. . . .

Se dovessi dare un consiglio al tuo 'te' di 5 anni fa, cosa gli diresti ?

. . . .

. . . .

. . . .

. . . .

. . . .

"Che le vostre scelte siano il riflesso delle vostre speranze, e non delle vostre paure."

Nelson Mandela

Ciò che le persone non affette da ansia non capiranno mai.

L'ansia non è qualcosa che si può decidere di fermare dall'oggi al domani.

L'ansia impatta la nostra vita quotidiana, che si tratti del nostro appetito, del nostro umore, della nostra motivazione, ecc.

L'ansia significa subire sintomi fisici e mentali quotidianamente.

Ogni mattina, ci alziamo con o senza ansia, senza sapere perché.

Decidiamo tutto all'ultimo minuto, in base alla nostra ansia, e questo crea frustrazione anche in noi.

Dirci di calmarci perché la nostra ansia è irrazionale non serve assolutamente a nulla e non ci aiuta in alcun modo.

Sì, soffro di ansia, cerco di superarla e a volte fallisco. Non lo faccio apposta, non voglio essere giudicato/a, non ti chiedo di capirmi, perché se non l'hai mai provata, ti è impossibile. Ho bisogno di conoscere i piani in anticipo per prepararmi mentalmente a una situazione. Sono stanco/a della mia ansia e vorrei solo essere rassicurato/a quando lo chiedo...

Evitare e fuggire ciò che ci spaventa prolunga il tempo trascorso nell'ansia.

Quando affrontiamo situazioni che suscitano paure, il nostro istinto naturale ci porta talvolta ad evitarle o a fuggirle. Nella pratica, spesso usiamo il 'sì, ma...' Sul momento, può sembrare una buona risposta per placare il disagio che queste paure provocano e tentare di proteggerci. Ma questo meccanismo di difesa ha conseguenze a lungo termine sul nostro benessere emotivo.

Per esempio, quando non riesci a dire di no, hai semplicemente paura delle conseguenze che questa risposta potrebbe comportare, come deludere, apparire insensibile, e infine essere rifiutato/a o giudicato/a. Ma nella maggior parte dei casi, nulla di tutto ciò avviene. Dicendo di no, esprimi semplicemente ciò che corrisponde veramente ai tuoi bisogni e alle tue scelte. Facendo ciò, ti rispetti e questo non significa che non rispetti gli altri. Al contrario, nessuno ti rimprovererà di essere altrettanto benevolo con te stesso come con gli altri.

Quando decidiamo di evitare le conseguenze di ciò che ci spaventa, facciamo solo rimandare il problema. Diamo alle nostre paure il potere di scegliere al nostro posto, creando un circolo vizioso che provoca ansia, frustrazione, e talvolta rabbia. Evitando certe circostanze, alimenti il dubbio sulle tue capacità di affrontare le situazioni temute, mentre queste potrebbero non essere così terribili come immagina la tua mente.

Ricordati che affrontare le tue paure riduce l'influenza che hanno su di te. Confrontandoti progressivamente con ciò che ti spaventa, hai la possibilità di renderti conto che i tuoi pensieri esagerano spesso la realtà. Ogni confronto è un'occasione per dimostrare a te stesso che sei capace di affrontare tutte le situazioni gestendo le tue emozioni. Abbi fiducia nella persona che sei !

La fuga

Nell'ombra, la mente si evade,
Oltre le tenebre si smarrisce,
Dimenticando le sue ferite del passato,
Come un senso di libertà ritrovata,
La mente si placa, per respirare finalmente.

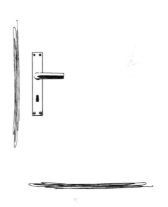

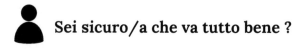 **Sei sicuro/a che va tutto bene ?**

Depressione sorridente,

Dietro un sorriso radioso si nasconde in realtà un cuore
tormentato e infranto, che combatte in silenzio contro una
tempesta interiore invisibile.

Nasconde con maestria le sue emozioni. Il suo sorriso
splendente cela le sue lacrime che scendono in silenzio
quando cala la notte.

Diventa il miglior attore della sua vita per nascondere il suo
dolore, anche a quelli che gli sono più vicini.

Ricordati, la depressione non è meno reale o meno dolorosa,
richiede tanto sostegno quanto compassione. Può sembrarti
un fardello solitario, ma sappi che non sei solo/a. Meriti di
essere ascoltato/a e sostenuto/a nella tua ricerca della
guarigione.

"La depressione sorridente"

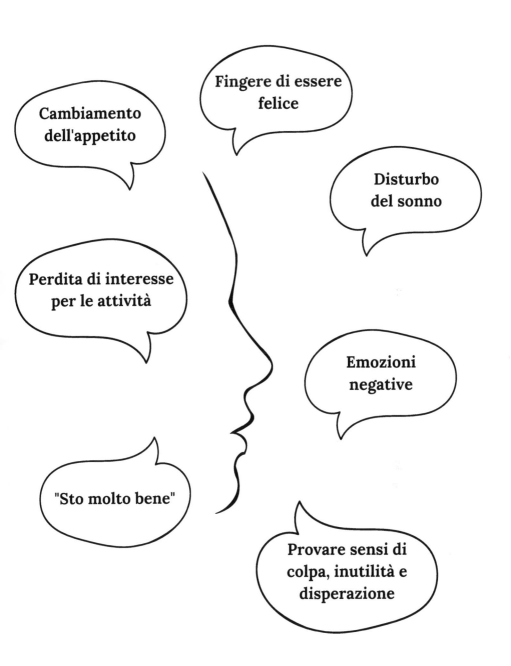

"Sono forte, sensibile, duro/a e fragile, ma non scuotetemi troppo forte, perché reggo solo a una lacrima."

Nella nostra vita, affrontiamo numerose prove e scopriamo che siamo allo stesso tempo forti e vulnerabili.

La nostra forza interiore ci permette di attraversare certi dolori e di superare ostacoli. Si manifesta nella nostra determinazione, nel nostro coraggio di cambiare ciò che può essere cambiato, nella nostra capacità di rimbalzare dopo i momenti difficili, ma anche nella nostra saggezza nell'accettare ciò che non può essere cambiato. Per questo, dobbiamo anche accettare di essere sensibili e fragili, accogliendo le emozioni, le ferite e le gioie in modo intenso e autentico.

La nostra sensibilità è un tratto prezioso che ci permette di connetterci agli altri e di sviluppare la nostra empatia. È importante prendere coscienza che questa fragilità ci rende vulnerabili e che possiamo reggere solo a una lacrima, nel momento in cui le nostre emozioni traboccano e minacciano di sommergerci. Ma questa vulnerabilità deve essere assunta con orgoglio. È una tappa essenziale per rispettarsi e prendersi cura di sé.

Ricordati che nel corso della tua vita, evolvi e ti costruisci in funzione di ciò che vivi, delle prove che devi affrontare. Accetta di sentire ed esprimere le tue emozioni perché rispettare la tua vulnerabilità è essenziale per il tuo equilibrio emotivo e anche per sentirti compreso dagli altri e ricevere il sostegno di cui hai bisogno. Non dimenticare mai che le tue lacrime sono preziose e testimoniano la tua profondità e la tua capacità di amare e vivere pienamente.

Quando hai sentito l'ultima volta la sensazione di essere sopraffatto/a dalle tue emozioni ?

. . . .

. . . .

. . . .

. . . .

. . . .

Quali aspetti della tua personalità consideri forti? In che modo ti aiutano a superare gli ostacoli ?

. . . .

. . . .

. . . .

. . . .

. . . .

Ti capita di evitare di trovarti sull'orlo delle lacrime? Come fai? Ti aiuta a sentirti meglio ?

. . . .

. . . .

. . . .

. . . .

. . . .

. . . .

. . . .

L'ansia nella coppia :

Si tende a sovrainterpretare tutte le situazioni o le parole del proprio partner.

Abbiamo paura di perderlo/la a causa della nostra ansia, o che lui/lei finisca per preferire qualcuno che non ne soffre.

È avere bisogno di essere costantemente rassicurato/a.

È pensare di non essere mai all'altezza.

È a volte nascondere i nostri momenti di ansia, isolandosi per non disturbare.

È IMPEDIRSI DI FARE ATTIVITÀ CHE CI PIACEREBBE FARE, LASCIANDO CREDERE CHE NON CI INTERESSANO, E QUESTO A CAUSA DELL'ANSIA.

Se soffri di ansia, ricordati che è importante comunicare con il tuo partner. Parlagli di ciò che senti, è fondamentale affinché possa comprenderti senza fare cattive interpretazioni.

"Quando l'ansia si insinua nella mia coppia"

L'ansia può creare tensioni all'interno di una coppia e causare problemi nella relazione.

La persona ansiosa, sia essa uomo o donna, può sentirsi sopraffatta dalle sue preoccupazioni, il che può portare a sbalzi d'umore, irritabilità o un comportamento difensivo. Può anche cercare di nascondere le sue ansie, per vergogna o per paura di perdere il suo partner o la sua partner. Quest'ultimo/a può quindi sentirsi impotente di fronte a questa situazione e chiedersi come sostenere il/la suo/sua partner.

Il/la partner può anche avere difficoltà a comprendere i sentimenti dell'altro/a quando l'ansia causa difficoltà nell'esprimere chiaramente i propri bisogni e le proprie emozioni. Ciò può portare a malintesi e conflitti, che finiscono per creare un circolo vizioso di incomprensione e un deterioramento della comunicazione.

Quando l'ansia si insinua nella coppia, è fondamentale riconoscere questa realtà e affrontare insieme queste sfide.

Ricordati, quando l'ansia si insinua nella tua relazione, è essenziale riconoscerne l'impatto e agire insieme per superare le difficoltà. La comunicazione e il sostegno reciproco sono determinanti nella gestione delle angosce. Non avere vergogna di parlarne con il tuo partner, te ne sarà grato. Con pazienza e comprensione, i partner possono trasformare questa prova in un'opportunità di crescita personale e rafforzare i loro legami affettivi e la loro relazione di coppia.

IL MIO CONTROLLO

Cosa sono in grado di controllare ? Scrivi tutto ciò che puoi controllare nella tua vita, e al contrario, tutto ciò su cui non hai alcun potere.

Ciò che dipende da me...

Ciò che non dipende da me...

"Fai pace con il tuo passato, per non rovinare il tuo presente."

Il nostro passato è pieno di esperienze, ricordi e lezioni che determinano chi siamo oggi. Tuttavia, a volte è difficile lasciare alle spalle i rimpianti, i dolori e gli errori che continuano ad influenzare il nostro presente.

Quando pensiamo al passato, a certi dolori, che siano causati da rotture amorose, fallimenti, errori o traumi, roviniamo il momento presente e quindi la felicità che potremmo vivere oggi.

Per fare pace con il nostro passato, è essenziale iniziare accettando e riconoscendo le emozioni ad esso collegate. Può trattarsi di tristezza, rabbia, delusione o colpa. Accogliendo queste emozioni senza giudizio, ci permettiamo di attraversare le difficoltà e di esprimere i nostri sentimenti.

Successivamente, è fondamentale perdonarsi per gli errori o le scelte che ci hanno fatto soffrire. Il perdono non è un atto di giustificazione o d'oblio, ma un modo per liberarsi di un fardello emotivo. Può essere anche necessario perdonare gli altri per le ferite che ci hanno inflitto. Il perdono non significa giustificare le loro azioni, ma piuttosto scegliere di non lasciare più che queste azioni dittino il nostro presente.

Ricordati che fare pace con il tuo passato può richiedere tempo e pazienza. Facendo questo lavoro interiore, sarai in grado di fiorire traendo insegnamenti preziosi da questo passato. Vedi il tuo passato come un trampolino verso un futuro migliore piuttosto che come un fardello. Permettiti di guarire perdonando.

Quali emozioni o esperienze del tuo passato continuano ad avere un impatto sulla tua vita attuale ?

. . . .

. . . .

. . . .

. . . .

. . . .

Quali lezioni o lezioni puoi imparare dalle tue esperienze passate per aiutarti a vivere pienamente oggi?

. . . .

. . . .

. . . .

. . . .

. . . .

Quali azioni concrete puoi intraprendere per liberarti dal fardello emotivo del tuo passato, (Perdono, accettazione, ...) ?

. . . .

. . . .

. . . .

. . . .

. . . .

IL MIO SACCO DI PREOCCUPAZIONI

Scrivi tutti i pensieri che ti preoccupano. Scrivendoli in questo sacco, toglili dalla tua mente !

CONSIGLI PER GESTIRE IL TUO STRESS E LA TUA ANSIA

Pratica la respirazione profonda. Prenditi un momento per concentrarti sulla tua respirazione e inspira profondamente gonfiando il ventre, poi espira lentamente soffiando delicatamente con la bocca. Ripeti questo processo diverse volte per aiutarti a rilassarti.

Fai esercizio fisico regolarmente. Ciò può aiutare a ridurre i livelli di stress rilasciando ormoni del benessere nel corpo. Trova un'attività fisica che ti piace e integrarla nella tua routine quotidiana.

Pratica la meditazione. Può aiutarti a ridurre lo stress e a migliorare la tua concentrazione. Prova a praticare la meditazione regolarmente, in particolare la meditazione di consapevolezza, che consiste nel concentrare la tua attenzione, anche solo per qualche minuto al giorno, sulle tue sensazioni corporee, sulla tua respirazione, sui tuoi pensieri e sulle tue emozioni... Durante questa meditazione osservati, come se stessi osservando qualcun altro, senza mai giudicarti.

Prenditi cura del tuo corpo. Assicurati di dormire bene, di mangiare in modo sano e di bere abbastanza acqua. Queste abitudini possono aiutare a ridurre il tuo livello di stress e a migliorare il tuo benessere generale.

Per ridurre la mia ansia, mi impegno a :

L'abbattimento è qualcosa di transitorio, che non è costante durante la giornata.

La depressione, invece, è persistente, si accompagna a pensieri negativi, ansia e tristezza.

LE SITUAZIONI CHE POSSONO STRESSARMI

Scrivi in ogni bolla ciò che ti provoca stress, sia che si tratti di una situazione particolare, di un luogo, di una persona...

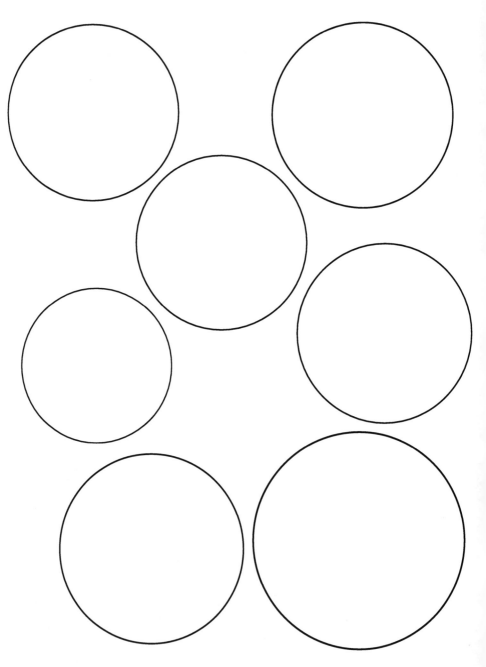

"Caro stress, la nostra storia finisce qui."

" Prenditi cura di te perché nessun altro lo farà al posto tuo "

Siamo gli unici responsabili del nostro benessere e della nostra vita. Se contiamo sugli altri per essere felici e in salute, mettiamo la nostra felicità nelle loro mani. Facendo ciò trasferiamo la responsabilità della nostra qualità di vita all'esterno di noi stessi! Questa situazione creerà quindi inevitabilmente ansia perché non abbiamo controllo su ciò che fanno gli altri.

È quindi importante prendersi cura di te, che si tratti della tua salute fisica, delle tue necessità materiali, ma anche del tuo benessere emotivo e mentale.

Concediti del tempo, rispetta le tue emozioni, i tuoi valori, le tue sensazioni, perché sei la persona più importante della tua vita. Assicurati che ogni volta che dici sì agli altri, non stai dicendo no a te stesso. Così facendo, metterai tutte le possibilità dalla tua parte per essere in grado di dare agli altri senza creare per te stesso amarezza o frustrazione.

Ricordati che una buona salute fisica e mentale ti permetterà di vivere una vita personale e professionale equilibrata mantenendo relazioni positive con il tuo entourage. Prendersi cura di te è rispettarti, concederti valore e permetterti di prendere il tuo posto nel mondo.

Una persona in depressione non si stancherà mai di sentire queste parole...

Non sei solo/a

Sei unico/a

Coraggio

Sei amato/a

SEI FORTE

Prenditi del tempo per te

Un passo alla volta

Sei importante

Gratitudine

Sei capace di farlo

RESTA POSITIVO/A

Hai il diritto di fare delle pause quando ne hai bisogno !

È normale provare delle emozioni

Credo in te

MERITI LA FELICITÀ

Anche le piccole vittorie contano !

"La felicità inizia con te e la tua decisione di essere felice."

Tutti noi cerchiamo la felicità. Tuttavia, non sempre riusciamo a essere felici. Alcuni aspettano che la felicità venga a loro, pensando che dipenda dalle circostanze esterne e non da loro stessi. Ma la felicità può essere definita da circostanze esterne o da possedimenti materiali ? Purtroppo no, la felicità si trova nell'accettazione di sé e di ciò che è, nella ricerca di un senso e nella connessione con gli altri.

Il benessere non si trova nemmeno nella ricerca del piacere istantaneo. La felicità dipende dalla nostra capacità di cambiare il nostro stato d'animo e di decidere di essere felici nonostante le sfide e le prove della vita. La decisione di essere felici non implica ignorare i problemi, ma significa che si sceglie di reagire in modo costruttivo per mantenere uno stato d'animo positivo e un atteggiamento resiliente. I nostri pensieri, le nostre credenze e i nostri atteggiamenti giocano un ruolo essenziale nella nostra esperienza della felicità.

Ricordati che la felicità è uno stato mentale e che puoi influenzarlo con i tuoi pensieri, le tue attitudini e le tue scelte. Prendendo la decisione di essere felice, coltivando un atteggiamento positivo e sviluppando relazioni sane con te stesso e con gli altri, troverai la forza necessaria per superare le difficoltà della vita mantenendo uno stato di felicità interiore.

"Il rischio è bello"

Platone

"Quando l'ansia ti spinge a controllare tutto nella speranza di calmare le tue paure"

L'ansia ci spinge a controllare tutto nella speranza di calmare le nostre paure e i nostri dubbi. Ogni dettaglio, ogni momento diventa importante perché può diventare la causa di una nuova preoccupazione. Ma questa ossessione di prevedere tutto per controllare tutto può trasformarsi in una prigione che ci chiude in un mondo angosciato che riduce tutto intorno a noi, compresa la nostra fiducia e le possibilità di vivere una vita serena.

Più cerchiamo di controllare, più cresce la nostra ansia. I pensieri ossessivi, i dubbi incessanti e gli scenari catastrofici alimentano il ciclo dell'ansia. È un circolo vizioso in cui l'anticipazione delle nostre paure diventa essa stessa una fonte di ansia.

Essere consapevole dei tuoi pensieri e delle emozioni che ne derivano, ti permetterà di sviluppare strategie per gestire lo stress e offrirti nuovi comportamenti, diversi dalle tue vecchie reazioni automatiche di controllo. Crearti nuovi pensieri ripetendoti che tutto va bene, che la situazione che ti stressa è solo un'esperienza da vivere, che non c'è pericolo, e a poco a poco i tuoi pensieri negativi scompariranno.

Ricordati che l'ansia non può essere completamente controllata, ma che puoi essere consapevole che questi pensieri ansiosi non riflettono necessariamente la verità. Sono semplicemente il riflesso del tuo stato di stress. Prendendo coscienza di ciò, puoi rompere il circolo vizioso che alimenta la tua ansia.

LA DEPRESSIONE

Le sue mani morbide accarezzavano ogni parte del mio viso,

Mi supplicava di non abbandonarla.

Allora ho lottato per sfuggirle,

Perché sapevo che non era il posto in cui dovevo rimanere imprigionato/a.

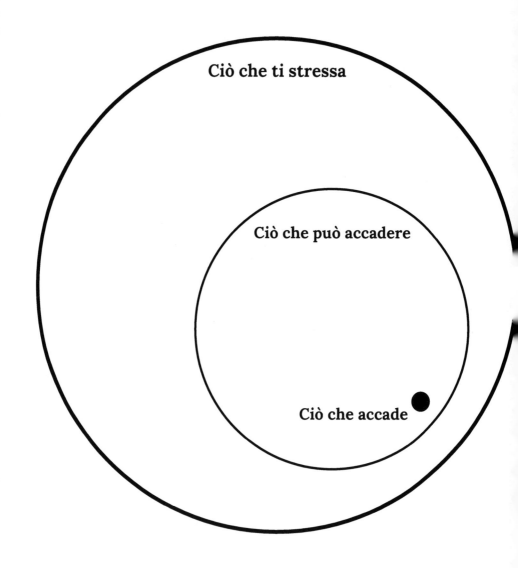

"**Scusa mamma,
ho perso la mia gioia di vivere...**"

"Sei cambiato/a, non sei più come prima"

 Ok, ma sai perché ?

 No, raccontami.

. . . .

. . . .

. . . .

. . . .

. . . .

. . . .

. . . .

. . . .

. . . .

. . . .

. . . .

. . . .

. . . .

. . . .

" Non puoi sempre controllare le cose che ti accadono, ma puoi controllare il modo in cui reagisci "

Non sei responsabile di ciò che accade. La vita è piena di eventi imprevedibili e indipendenti dalla tua volontà. Questa realtà crea spesso paura e ansia perché ci sentiamo impotenti e potenzialmente in pericolo. Di fronte alla paura di perdere ciò a cui sei legato/a, alla paura di non essere all'altezza o alla paura dell'ignoto, puoi avere la tendenza a reagire con la necessità di controllare tutto per sentirti meglio.

Ma è essenziale comprendere che alcune cose sono fuori dal nostro controllo, e che agire pensando di poter controllare tutto ci fa vivere in uno stress costante.

Il modo in cui reagiamo agli eventi ha conseguenze dirette sul nostro benessere e sulla nostra qualità di vita. La ricerca della perfezione, l'impatienza, la frustrazione o l'ansia sproporzionata possono aggravare la situazione e persino rendere le nostre relazioni con gli altri impossibili. D'altra parte, una reazione adeguata che inizia con l'accettazione della situazione che stiamo vivendo permette di affrontare meglio le sfide e di trarre insegnamenti dalle prove.

Se sei ansioso/a, stressato/a, sai bene che questo autocontrollo non è innato. Ma sappi che puoi allenarti e raggiungerlo. Esistono numerosi strumenti, come la meditazione, la consapevolezza piena o la respirazione profonda per riuscire a rispondere serenamente ed efficacemente agli eventi della vita.

Ricordati che voler controllare tutto crea stress perché lotti contro cose che non dipendono da te. Al contrario, l'accettazione, la regolazione delle tue emozioni, la resilienza, la pratica della gratitudine ti permettono di scegliere come vuoi vivere la tua vita. Il lasciar andare è la chiave per una vita serena e felice.

Anche a te hanno convinto che non ce l'avresti mai fatta?

"Finché non ci si ama da soli, ci si perde lungo la strada"

Quando non ci si ama abbastanza, si è portati a fare scelte sbagliate, sia a livello personale che professionale. Non credendo nelle proprie competenze, capacità e qualità, non si possono cogliere le opportunità che si presentano.

La mancanza di amore per sé stessi può anche tradursi in relazioni complicate con gli altri. Non valorizzandosi abbastanza, si rischia di accettare comportamenti intollerabili, o di tendere all'isolamento, perché ci si sente insicuri e rifiutati. Meriti di essere trattato/a come desideri essere trattato/a. A volte è difficile stabilire certi limiti per paura dell'abbandono, paura di deludere, o semplicemente per gentilezza, ma non dimenticare di far sapere agli altri ciò che non è accettabile per te.

Per rafforzare questo amore per te stesso, devi trattarti nello stesso modo in cui tratteresti un amico stretto o un parente. Perdonati per i tuoi errori passati, per non perderti lungo il cammino. Ricordati che nessuno è perfetto e che l'unico obiettivo è fare del proprio meglio ed essere se stessi.

Ricordati che amare se stessi è la base di una vita più equilibrata, armoniosa e realizzata. L'amore per se stessi alimenta la fiducia in se stessi e permette di vivere relazioni armoniose. Sei unico/a e incredibile, non tollerare nessun comportamento, che provenga da te stesso/a o dagli altri, che ti faccia soffrire.

CONSIGLI PER IMPARARE AD AMARTI

Osserva il tuo dialogo interiore senza giudicarti.

Ascolta il tuo corpo e le tue sensazioni.

Impara ad amare i tuoi difetti.

Permettiti di fare degli errori.

Concentrati sulle tue qualità.

Fai del tuo meglio.

Fai pace con il tuo passato.

Prenditi del tempo per te.

Smetti di criticarti.

Smetti di voler essere perfetto/a.

"Non è stato facile, ma ce l'ho fatta"

Nella vita, ci troviamo di fronte a ostacoli che ci sembrano insormontabili, che si tratti di cose banali, come uscire dal letto, o di eventi traumatici su cui non abbiamo più alcun potere. Quando il passato e le difficoltà alimentano la nostra ansia, non vediamo alcuna soluzione, tutto ci sembra impossibile. Cerchiamo costantemente risposte per uscirne.

Dobbiamo accettare le nostre paure, la nostra rabbia, la nostra tristezza, la nostra delusione e ovviamente i nostri dubbi e la nostra insicurezza. Esprimere e descrivere tutte queste emozioni è il primo passo per trasformare la nostra ansia e sentirsi capaci di agire per riprendere in mano la propria vita.

È prendendo il rischio di affrontare la tua sofferenza e concentrandoti su te stesso, sul momento presente e sulle tue sensazioni, che potrai migliorare il tuo benessere fisico e mentale, soprattutto passando all'azione.

Ricordati che è normale avere apprensioni e paure quando si deve affrontare sfide e prove. Prendi coscienza che in passato sei sempre riuscito/a in un modo o nell'altro a superare le difficoltà e che la maggior parte delle volte, è stata la paura di non farcela a essere più spaventosa dell'ostacolo stesso. Liberati dal giudizio degli altri e fai fiducia alla tua intuizione, essa sa ciò che è meglio per te.

Come ti senti rispetto al tuo passato ? Pensi spesso a eventi passati ?

. . . .

. . . .

. . . .

. . . .

. . . .

Quali insegnamenti hai tratto dalle tue esperienze passate ? Come queste lezioni potrebbero aiutarti a superare le sfide attuali o future ?

. . . .

. . . .

. . . .

. . . .

. . . .

Quali opportunità o sfide potresti considerare di affrontare se ti liberassi del peso emotivo del passato ?

. . . .

. . . .

. . . .

. . . .

. . . .

Non vedi ?

La pressione di essere perfetto/a mi ha distrutto/a.

"Nel vortice di pensieri incessanti, la mia mente cerca un po' di pace per riposarsi."

L'ansia crea un'agitazione mentale. È come se ogni pensiero ne generasse un altro. Una reazione a catena che sembra non fermarsi mai. Le preoccupazioni, le domande e gli scenari futuri si intrecciano, e provocano pensieri incessanti che occupano ogni angolo della coscienza.

Questo costante risveglio e ipervigilanza consumano la nostra energia senza lasciare spazio al riposo e provocano insonnia ed esaurimento. L'esaurimento va ben oltre il fisico. A livello emotivo, si manifesta con una mancanza di interesse per le cose che un tempo ci appassionavano, difficoltà a concentrarsi e una tendenza a sentirsi sopraffatti dalle attività più semplici. I piaceri della vita sembrano svanire sotto il peso dei pensieri ansiosi che invadono tutto lo spazio mentale.

Cercare di sfuggire a questo tumulto mentale, attraverso la mente stessa, porta solo a rafforzare questo flusso di pensieri incontrollabili e invadenti. Eppure, nel mezzo di questo caos, può essere trovata una luce di calma.

Ricordati che, con il tempo e la pratica, la tua mente può diventare un luogo privilegiato di pace duratura all'interno della tua coscienza. Puoi praticare la consapevolezza piena, imparare a respirare nel momento presente e ad osservare questi pensieri senza lasciarti trasportare da essi. Impara a creare uno spazio dove la tua mente possa finalmente trovare rifugio, rilassarsi e ricaricarsi.

Quali pensieri negativi ricorrenti possono impedirti di perseguire i tuoi obiettivi e di esplorare nuove opportunità ?

. . . .

. . . .

. . . .

. . . .

. . . .

Quali sono i momenti in cui hai dimostrato forza interiore per superare una sfida o un ostacolo? Come potresti utilizzare questa esperienza come fonte di ispirazione nei momenti difficili ?

. . . .

. . . .

. . . .

. . . .

. . . .

Ripetendo la frase 'Ricordati che sei più forte delle tue pensieri', come potrebbe influenzare la tua percezione di te stesso/a ?

. . . .

. . . .

. . . .

. . . .

. . . .

L'impotenza

Anche se coscienti del nostro stato,

La depressione peggiora,

Il tempo ci sfugge, subiamo i giorni senza fine,

Cercando invano un ricordo felice.

"Sto molto bene"

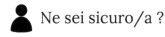 Ne sei sicuro/a ?

 A parte le mie insonnie e le crisi d'ansia quando esco di casa, sto bene.

 ....

Ricordati, le emozioni che senti sono legittime, possono variare, tristezza, sensi di colpa, stanchezza, perdita di appetito, insonnia, ipersonnia, pensieri negativi, isolamento, irritabilità, ecc. È fondamentale riconoscere questi segni per imparare a gestirli. Non dimenticare che ogni piccolo progresso conta !

Gli errori da evitare in caso di crisi d'ansia

Non ascoltare i tuoi pensieri negativi, ripetiti
delle frasi positive !

Non cercare di combattere i tuoi
sintomi, perché più ci pensi, più
saranno presenti.

Non parlarne ai tuoi cari o a dei
professionisti. Parlare ti permetterà di
liberarti.

Smetti di fuggire dalle tue paure, di non fare
ciò che ti piace per paura di avere crisi
d'ansia. Non lasciare che l'ansia prenda il
controllo della tua vita.

Chiudersi in se stessi, evitare tutte le
situazioni che ci spaventano perché la fobia
si insedierà e diventerà ancora più profonda
in te.

"Accetta ciò che è, lascia andare ciò che era, e abbi fiducia in ciò che sarà"

Budda

La vita non è un lungo fiume tranquillo. È una successione di esperienze, prove e imprevisti. Di fronte a ciò, tendiamo a resistere al cambiamento e ad angosciarci per il futuro. Ma l'unica attitudine che ci aiuta davvero consiste nell'accettare la situazione così com'è quando non possiamo cambiarla. Fare prova di saggezza e accettazione permette di mantenere la mente aperta di fronte alle nuove possibilità che si presentano a noi.

Accettare ciò che è, significa accogliere le circostanze attuali come se le avessimo scelte. L'accettazione ci permette di affrontare le difficoltà piuttosto che perderci nei rimpianti del passato o nelle preoccupazioni per domani. Accettare non significa abbandonare le nostre aspirazioni e i nostri sogni avendo un atteggiamento passivo, ma piuttosto comprendere che alcune cose sono fuori dal nostro controllo. Questa saggezza ci permette di distinguere ciò che possiamo cambiare, da ciò che non può essere cambiato e di adottare un atteggiamento coraggioso in un caso e resiliente nell'altro.

Lasciar andare ciò che era significa liberarsi dei pesi del passato, del risentimento, della rabbia o dei rimpianti che inquinano la nostra mente per godere appieno del presente.

Ricordati che accettare ciò che è, lasciar andare ciò che era e avere fiducia in ciò che sarà, ti guiderà verso una vita più felice e realizzata. Lascia andare e apriti a nuove possibilità. Sviluppando la tua fiducia in te stesso/a e la tua capacità di rispondere efficacemente a tutte le situazioni che si presentano nella tua vita con forza e ottimismo, guarderai al futuro con serenità.

"Se solo qualcuno potesse capire
quanto mi detesto"

"Il più grande amore che puoi ricevere è quello che dai a te stesso"

Quando ci amiamo e ci accettiamo così come siamo, sviluppiamo una relazione positiva con noi stessi e con gli altri. Trattandoci con compassione e benevolenza, siamo più in grado di esprimere rispetto verso noi stessi, ma anche empatia e comprensione verso gli altri. In realtà, possiamo dare agli altri solo ciò che possediamo noi stessi, e ciò include anche l'amore.

Quando coltiviamo l'amore verso noi stessi, diventiamo il nostro primo sostegno nei momenti difficili, permettendoci di affrontare fallimenti e delusioni in modo più costruttivo. Invece di lasciarci sopraffare da rimproveri e dubbi, l'amor proprio ci permette di rimbalzare rapidamente e di trarre insegnamenti dalle nostre esperienze. Favorisce un'autostima migliore e una maggiore fiducia nelle nostre capacità e nelle nostre forze.

Coltivare l'amore di sé ci conduce alla pace interiore senza far dipendere la nostra felicità dagli altri e dalle circostanze esterne.

Ricordati che l'amore di sé è la chiave del tuo benessere emotivo e mentale. Ti permette di prenderti cura di te stesso/a e di proiettarti nel futuro con fiducia. L'amore che ti dai a te stesso/a è l'unico modo per assicurarti relazioni sentimentali sane ed equilibrate, che non sono subordinate a una qualsiasi dipendenza dagli altri. Se aspetti che tutto l'amore venga dagli altri, non sei più libero/a di amare veramente, perché fai dipendere la tua vita e la tua felicità da qualcun altro oltre a te. Riprendi il controllo della tua vita amando te stesso/a.

Quali sono le tue qualità ?

☐ Rispettoso/a

☐ Gentile

☐ Paziente

☐ Indipendente

☐ Sincero/a

☐ Intelligente

☐ Maturo/a

☐ Coraggioso/a

☐ Socievole

☐ Aperto/a di mente

☐ Sorridente

☐ Empatico/a

☐ Empatico/a

Aggiungi tutte le tue altre qualità a questa lista :

. . . .

. . . .

. . . .

. . . .

. . . .

. . . .

. . . .

. . . .

. . . .

. . . .

. . . .

. . . .

. . . .

. . . .

"Diventiamo ciò in cui crediamo"

Nella tua vita, le tue credenze giocano un ruolo essenziale nella creazione della tua realtà.

Le nostre credenze determinano le nostre azioni, scelte, pensieri e atteggiamenti. Se crediamo nel nostro potenziale e nelle nostre capacità, siamo più in grado di prendere rischi e perseverare di fronte agli ostacoli.

Al contrario, se coltiviamo credenze che ci limitano nelle nostre decisioni e pensiamo di essere destinati al fallimento o che non meritiamo successo e amore, limitiamo le nostre opportunità.

È importante prendere coscienza delle nostre credenze per esaminarle in modo oggettivo e critico. A volte, provengono dal nostro ambiente familiare, sociale o culturale e ci sono state imposte inconsciamente. A volte sono state utili, ma oggi non ci servono più perché le circostanze sono cambiate.

Ricordati che hai il potere di mettere in discussione le tue credenze e di sostituirle con convinzioni positive creando nuove affermazioni. Cambiando le tue credenze, trasformerai la tua percezione di te stesso/a e allargherai i limiti di ciò che pensi sia possibile oggi. Non dimenticare che hai il potere di diventare ciò in cui credi. Ti basta credere in te stesso/a.

Quali sono le tue credenze che possono limitarti nella tua vita ?

. . . .

. . . .

. . . .

. . . .

. . . .

Quali sono le tue qualità ?

. . . .

. . . .

. . . .

. . . .

. . . .

Di cosa hai paura quando osi prendere decisioni importanti per la tua vita? (Fallimento, giudizio, perdita di sicurezza, ...)

. . . .

. . . .

. . . .

. . . .

. . . .

Le mie nuove affermazioni per creare la mia nuova realtà

Ho il diritto di sentirmi libero/a di essere me stesso/a.

Ho il diritto di essere diverso/a.

Ho il diritto di dire di no.

Ho il diritto di essere imperfetto/a.

Ho il diritto di deludere.

Ho il diritto di essere sensibile e vulnerabile.

Ho il diritto di provare, sperimentare e sbagliare.

Ho il diritto di scegliere la mia vita.

Ho il diritto di avere fiducia in me stesso/a e nel futuro.

Ho il diritto di riuscire.

Ho il diritto di esprimere e condividere ciò che sento.

Ho il diritto di dubitare e avere paura.

Ho il diritto di stare male.

Ho il diritto di essere sostenuto/a.

Ho il diritto di stare bene.

Ho il diritto di amarmi, amare ed essere amato/a.

Ho il diritto di essere ottimista.

Ho il diritto di avere fiducia in me stesso/a.

Ho il diritto di credere in me stesso/a.

Ho il diritto di fare pace con il mio passato.

Ho il diritto di perdonarmi.

Ho il diritto di prendere cura di me stesso/a.

Ho il diritto di essere felice.

"Caro/a te,"

Tu che sei alla ricerca di un barlume di speranza. Abbiamo tutti i nostri momenti bui, ma ascoltati, la depressione non definisce chi sei. Mostra solo che sei umano/a, con alti e bassi.

Immagina questa depressione come una notte stellata. Sì, può sembrare buia, ma ogni stella brilla a modo suo, non è vero ?

Non è sempre facile, lo so. I sorrisi che mostriamo agli altri possono nascondere le nostre tempeste interiori. Ma indovina un po'? Hai più forza in te di quanto tu creda. Puoi trasformare questi momenti bui in un potere di determinazione.

Lascia che ti dica un segreto: i giorni di depressione non sono giorni persi. Sono giorni in cui lotti contro l'oscurità, in cui diventi più forte/a, lasciando passare la tua luce.

Non sei solo/a in questa battaglia. Allora, lascia che le tue emozioni scorrono, è normale.

Ricordati, la gioia e la resilienza seguiranno la depressione. Fai un respiro profondo e guarda sopra le nuvole. Lì, troverai la tua luce, la tua forza, e saprai che anche nell'ombra, puoi brillare.

"Non è il futuro che fa paura. È la paura di ripetere gli errori del passato che è fonte di ansia."

"I sorrisi possono essere maschere che nascondono tormenti interiori"

Capita a tutti noi di sorridere davanti agli altri, anche quando, nel profondo di noi stessi, la stanchezza, la tristezza e i pensieri oscuri sono presenti.

Ci sforziamo di apparire felici e di sorridere nonostante le nostre insonnie, i nostri incubi, i nostri dolori fisici e mentali. Nascondere le nostre emozioni cela ai nostri cari il nostro vero stato emotivo.

Ci sono diverse ragioni che spiegano perché scegliamo di sorridere nonostante il dolore interiore. A volte, questo sorriso nasconde in realtà la paura del giudizio degli altri, la paura della stigmatizzazione legata alla depressione o esprime semplicemente il desiderio di non essere un peso per i nostri cari per proteggere quelli che amiamo. Il sorriso può anche essere un meccanismo di difesa per evitare di mostrare la nostra vulnerabilità.

Ricordati che il tuo dolore è reale, anche dietro un sorriso. Non sentirti obbligato/a a nascondere le tue lotte interiori. Molte altre persone soffrono anche loro. Non sei solo/a. La guarigione inizia con il riconoscimento della tua sofferenza. E sappi che un giorno ti sentirai finalmente pronto/a a rivelarti, a progredire, e sarai più forte grazie a tutte le prove che avrai attraversato.

"Sono forte ma stanco/a"

L'ansia

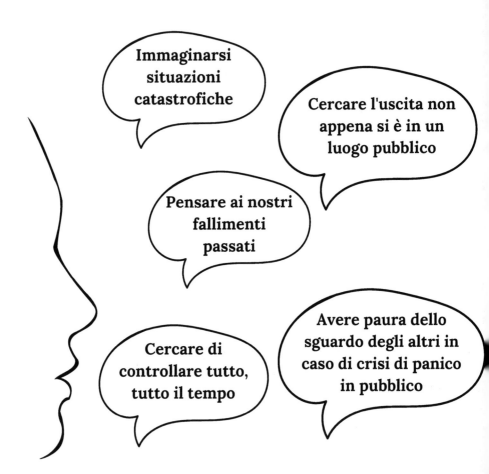

I segni dell'ansia :

Spunta le caselle che corrispondono alla tua situazione :

☐ Hai mal di stomaco, problemi digestivi, ma il tuo medico non trova cause nei tuoi esami.

☐ Hai problemi alla schiena, sciatiche, dolori al collo.

☐ Hai disturbi del sonno.

☐ Sudi molto, o/ed hai vampate di calore.

☐ Hai tremori, ti agiti costantemente.

☐ Hai nausea.

☐ Hai vertigini.

☐ Hai eccessi di collera, irritabilità.

☐ Eviti costantemente tutte le situazioni che potrebbero essere ansiogene per te.

☐ Hai tic nervosi, ripeti lo stesso gesto più volte al giorno.

☐ Cerchi costantemente di dare una buona immagine di te, per cercare di nascondere le tue debolezze.

☐ Vuoi sempre controllare tutto, prevedi soluzioni in caso di scenari catastrofici.

☐ Senti che il tuo corpo vuole trasmetterti un messaggio, che non può più sopportare questo stress costante.

L'ansia

Avere ansia è probabilmente la cosa
Più solitaria e tirannica che ci sia,
Diventi il tuo peggior nemico,
Vivi nell'intimità dei tuoi pensieri,
Allontanandoti progressivamente
Ogni giorno,
Senza che gli altri se ne accorgano.

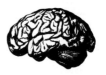

SCRIVO QUELLO CHE MI DICE IL MIO CUORE

. . . .

. . . .

. . . .

. . . .

. . . .

. . . .

. . . .

. . . .

. . . .

. . . .

. . . .

. . . .

. . . .

. . . .

"Nel momento in cui ero riuscito/a a trovare tutte le risposte, tutte le domande sono cambiate"

Paolo Coelho

Nella nostra ricerca per comprendere il mondo, scopriamo risposte che sembrano chiare. Queste risposte si basano spesso sulle nostre credenze personali. Quando le troviamo, ci sentiamo soddisfatti.

Tuttavia, anche quando siamo sicuri di queste risposte, nuove domande emergono. La vita mette in discussione ciò che pensiamo, eventi inaspettati creano nuove interrogazioni e la nostra comprensione deve evolversi. Questo dovrebbe spingerci a mantenere la mente aperta e a dubitare dei nostri stessi pensieri e credenze. Ma in realtà, tendiamo a chiuderci sulle nostre certezze e resistiamo ai cambiamenti e alle novità.

Ricordati che tutto cambia costantemente, niente dura per sempre. Anche la tua percezione del mondo che ti circonda cambia in base al tuo stato d'animo. Allora non ascoltare i tuoi pensieri, ti raccontano solo una versione della storia, e puoi decidere di cambiare i sottotitoli. Per esempio, l'ansia può creare una visione del mondo triste e pericolosa, mentre, quando provi gioia e sicurezza, tutto ti sembra possibile. Nel momento in cui pensi di aver trovato tutte le risposte, emergeranno nuove domande. Questa realtà non deve scoraggiarti, ma piuttosto incoraggiarti a rimanere curioso/a, positivo/a e consapevole dell'importanza di saper adattarti alle circostanze della vita.

"Niente è mai finito per sempre"

L'ipersensibilità :

"Piangi tutto il tempo" "Sei troppo emotivo/a" "Smetti di piangere"

Tutto ci tocca, sentiamo sia il nostro proprio dolore sia quello degli altri.

La tristezza di alcune anime si lega intimamente alle nostre lacrime.

Una sensibilità a doppio taglio, bella all'interno, ma anche terribilmente opprimente.

Ricordati, è nella fragilità che risiede la più grande forza. L'ipersensibilità si manifesta come un traboccare di emozioni, a volte non razionali. È un accumulo di carico mentale diventato troppo pesante. Queste emozioni lasciano pensare che gli "ipersensibili" siano fragili, ma in realtà, sono potenti, capaci di navigare tra gioia, paura, vergogna, rabbia, tristezza, meraviglia e disgusto. Sono forti a causa della loro capacità di sentire le emozioni in modo intenso, di affrontare l'incomprensione del loro ambiente, e di sopportare le critiche che li toccano profondamente. In realtà, queste persone non sono deboli, fanno parte delle più coraggiose.

"Tutti mi dicono di resistere, ma nessuno sa quanto io soffra."

La sofferenza è un'esperienza umana universale, ma ognuno la vive in modo unico e personale. Puoi alzarti la mattina e sentire il peso del mondo sulle tue spalle, avere difficoltà a respirare, e vivere delle cose senza nemmeno sapere perché capitino a te.

Nonostante gli incoraggiamenti a 'resistere', è spesso difficile affrontare ed esprimere il proprio dolore. Questa difficoltà rafforza il sentimento di essere incompreso/a e di vivere un dolore invisibile per gli altri. Perché sì, potresti aver bisogno di radunare tutto il tuo coraggio per uscire di casa, ma nessuno lo immagina. Isolarti socialmente, rimanendo solo/a, a volte può sembrarti una soluzione.

La sofferenza invisibile è una realtà per molte persone che si sentono sopraffatte dalle loro emozioni e incapaci di esprimere ciò che provano senza crollare. Ma mettere parole su ciò che si vive all'interno di sé è un passo indispensabile per sentirsi sereni e compresi.

La vulnerabilità non è mai un segno di debolezza. Al contrario, ti dimostra che sei capace di accettare e ascoltare le tue emozioni per avanzare sul cammino delle prove che devi attraversare. Non devi assolutamente vergognartene.

Ricordati che ciò che provi è normale. Non sei solo/a e non sei di troppo. Ma troverai conforto solo se accetti di lasciare che le tue emozioni si esprimano liberamente. Potrai sentirti compreso/a e riconosciuto/a nella tua sofferenza solo se accetti di essere vulnerabile e pronto/a a ricevere il sostegno di coloro che ti amano e che si preoccupano per te.

Non è grave

Mantieni la speranza,
Sei più forte di quanto tu pensi,
Hai già superato tanti ostacoli,
Credi in te stesso/a.

"L'ansia generalizzata

è

preoccuparsi di tutto,
tutto il tempo."

I fattori che possono scatenare l'ansia

Shock emotivo : Incidente, aggressione, perdita importante, esperienza difficile, ...

Cambiamento maggiore nella tua vita : Trasloco, nuovo impiego, rottura amorosa, ...

Ambiente : Ambiente stressante o caotico, pressioni sociali, aspettative elevate, esigenze costanti, ...

Predisposizione personale : Personalità, tratti caratteriali, modo di affrontare lo stress, ...

Evento stressante : Problemi finanziari, conflitti relazionali, sfide sul lavoro o a scuola, ...

Riconosci un fattore che potrebbe corrispondere al momento in cui hai iniziato a soffrire d'ansia ? Se sì, quale ? Cosa potresti fare per diminuire il suo impatto su di te ?

. . . .

. . . .

. . . .

. . . .

. . . .

. . . .

"Il mio passato mi fa soffrire, non vivo il presente, e il futuro mi terrorizza."

Le cicatrici del passato sono difficili da guarire e possono creare ansia e una mancanza di fiducia in se stessi. Non possiamo cambiare questo passato, ma possiamo guarire la nostra relazione con il passato e ritrovare un equilibrio emotivo. Questo implica prendere coscienza dell'impatto di questo passato sulla nostra vita attuale e perdonare se stessi o perdonare gli altri.

Il futuro è fatto di incertezze e la paura dell'ignoto genera angoscia e ansia. Quando hai paura di questo futuro ti senti vulnerabile e impotente. Questo sentimento di perdere il controllo ti impedisce di passare all'azione e di essere sereno/a.

Quando sei costantemente nella tua testa a rimuginare il passato o a immaginare il futuro, sprechi il momento che vivi nel presente. Eppure, questo momento è l'unico che esiste per permetterti di agire e scegliere come vuoi vivere quotidianamente. Qui e ora è l'unico momento che permette di apprezzare la bellezza del mondo che ti circonda, così come i più piccoli piaceri della vita, come una doccia calda o il sole sulla tua pelle.

Ricordati che solo il momento che stai vivendo ora ti permette di agire per liberarti dall'ansia e riprendere il controllo della tua vita. La consapevolezza piena è una pratica che ti permette di riconnetterti a questo istante presente concentrandoti sul tuo corpo e sulla tua respirazione. Ti aiuterà a coltivare la gratitudine facendoti prendere coscienza di tutti i piccoli momenti di gioia. La gratitudine è un modo molto potente per ridurre l'ansia legata alla paura del futuro e ai ricordi del passato.

Il dolore

Ogni sera, mi addormento sperando di dimenticare il mio dolore,
Ma ogni mattina al risveglio,
Mi salta in faccia per ricordarmi che è ancora lì.

"Sono una parte di questo mondo, a parte da questo mondo"

Quando veniamo al mondo, facciamo l'esperienza della libertà e dell'insouciance. Crescendo, vorremmo rimanere liberi, ma per sentirci amati e accettati, ci immaginiamo di dover rispettare delle regole: Sii perfetto, sii forte, sforzati, fai piacere, sii saggio, aspetta, fai finta... Finiamo per convincerci che siamo questa persona forte, coraggiosa, amabile...

Ma a volte il dubbio e il malessere si insediano, ci sentiamo allora impotenti ad essere ciò che ci si aspetta da noi. Ci chiediamo: Sono troppo timido/a, troppo gentile, troppo fiducioso/a, sono legittimo/a, ho il diritto? Abbiamo paura di non essere all'altezza, di deludere, di essere giudicati, e naturalmente di non essere amati...

La percezione che abbiamo di noi stessi è legata alla nostra relazione con gli altri e con il mondo. Allora tieni a mente che sei unico/a e che il confronto con gli altri non è mai buono per te e per la tua fiducia in te stesso/a. Sii te stesso/a e costruisci le tue proprie regole, le tue proprie credenze, quelle che ti aiuteranno a trovare il tuo posto nel mondo e a sentirti realizzato/a.

Ricordati che trovare l'equilibrio tra appartenenza e differenza può essere una sfida, ma hai il diritto di essere chi sei veramente e di realizzare i tuoi sogni. Sei la tua parte in questo mondo e puoi permetterti di brillare e aprire il tuo cuore. Puoi osare, creare, amare e credere nel tuo potere. Sei venuto/a al mondo perché sei unico/a e diverso/a.

Prova.

Prova di nuovo,

Prova ancora e ancora,

Prova a trovare qualcuno che ci è riuscito,

Prova a trovare ciò che non funziona,

Prova a trovare ciò che funziona,

Prova fino a quando ci riesci,

Prova, e soprattutto non mollare.

Nella mia vita attuale, non voglio più...

...Che gli altri mi facciano :

. . . .

. . . .

. . . .

. . . .

...Che gli altri mi dicano :

. . . .

. . . .

. . . .

. . . .

...Che gli altri pensino di me :

. . . .

. . . .

. . . .

. . . .

...Dirlo a me stesso/a :

. . . .

. . . .

. . . .

. . . .

Nella mia vita ideale, voglio...

...Che gli altri mi facciano :

. . . .

. . . .

. . . .

. . . .

...Che gli altri mi dicano :

. . . .

. . . .

. . . .

. . . .

...Che gli altri pensino di me :

. . . .

. . . .

. . . .

. . . .

...Pensare di me stesso/a :

. . . .

. . . .

. . . .

. . . .

Ma se potessi dimenticare,
sceglierei di dimenticare ?

AUTOVALUTAZIONE

Sii onesto/a con te stesso/a. Può essere difficile autovalutarsi, quindi prenditi il tuo tempo, rifletti e non focalizzarti sugli aspetti negativi.

Quali sono le mie qualità ?	Quali sono i miei difetti ?
. . . .	. . . .
. . . .	. . . .
. . . .	. . . .
. . . .	. . . .
. . . .	. . . .
. . . .	. . . .
. . . .	. . . .
. . . .	. . . .

Cosa mi piace di me stesso/a ?	Qual è il mio più grande rimpianto ?
. . . .	. . . .
. . . .	. . . .
. . . .	. . . .
. . . .	. . . .
. . . .	. . . .
. . . .	. . . .
. . . .	. . . .
. . . .	. . . .

Caro/a Me,

Sono dispiaciuto/a di aver dubitato di me,

Non avevo ancora preso coscienza di quanto fossi forte.

Ora so che ho sbagliato.

Sono unico/a e potente, coraggioso/a e fiducioso/a.

So che farò grandi cose.

Sono pronto/a a credere in me per andare avanti.

IL MIO CARICO MENTALE

Rispondi alle seguenti domande per aiutarti a riflettere su come gestisci i tuoi periodi difficili.

Come descrivi i tuoi pensieri in questo momento ?

. . . .
. . . .
. . . .
. . . .
. . . .
. . . .
. . . .

Cosa fai quando hai avuto una giornata difficile ?

. . . .
. . . .
. . . .
. . . .
. . . .
. . . .
. . . .

Cosa puoi fare per attenuare i tuoi pensieri negativi ?

. . . .
. . . .
. . . .
. . . .
. . . .
. . . .
. . . .

Qual è la tua più grande lezione di vita ?

. . . .
. . . .
. . . .
. . . .
. . . .
. . . .
. . . .

Nell'ombra della mia anima smarrita,

Il mio cuore è ferito, imprigionato,

Le mie lacrime scorrono in silenzio,

Un barlume di speranza cerca una via,

E ad ogni passo, per quanto piccolo sia,

fa risorgere un po' di luce.

COMPRENDERE IL MIO CARICO MENTALE

Rispondi alle seguenti domande per aiutarti a riflettere sulle situazioni che ti causano ansia :

In che modo le mie angosce hanno un impatto sulla mia vita ?

. . . .
. . . .
. . . .
. . . .
. . . .
. . . .
. . . .
. . . .
. . . .

Ho delle abitudini che potrebbero essere all'origine delle mie angosce ?

. . . .
. . . .
. . . .
. . . .
. . . .
. . . .
. . . .
. . . .

Ci sono periodi in cui mi sento meglio, dove il mio carico mentale è più leggero ?

. . . .
. . . .
. . . .
. . . .
. . . .
. . . .
. . . .
. . . .
. . . .

Cosa posso fare ogni giorno per prendere cura di me e alleggerire il mio carico mentale ?

. . . .
. . . .
. . . .
. . . .
. . . .
. . . .
. . . .
. . . .

COMPRENDERE LA MIA ANSIA GRAZIE AL MIO PROFILO DI PERSONALITÀ

L'Enneagramma è uno strumento che ti permette di comprendere le tue paure, i tuoi blocchi, i tuoi pensieri ricorrenti, le tue credenze, le tue reazioni (la rabbia, la fuga, il ritiro su te stesso/a...) e naturalmente le tue emozioni.

Ecco degli esempi di domande alle quali l'Enneagramma può aiutarti a rispondere per comprendere meglio la tua ansia

Perché faccio ciò che faccio ?

Qual è la mia motivazione per agire ?

Qual è la mia paura all'origine di tutte le altre ?

Qual è la credenza fondamentale inconscia che determina tutte le mie scelte nella vita ?

Come reagisco di solito quando sono stressato/a ?

Qual è l'emozione che vivo più spesso ?

Qual è la mia preoccupazione principale nella vita quotidiana ?

Avere una risposta a queste domande ti permetterà di liberarti poco a poco dalla tua ansia. Scopri i nove profili di personalità e le loro credenze fondamentali per prendere coscienza dei pensieri e dei comportamenti che ti impediscono di vivere serenamente nella vita quotidiana.

9 PROFILI DI PERSONALITÀ

PROFILO 1 : Credenza "Tutto va bene, se e solo se tutto ciò che faccio è corretto."

Questa personalità prova una paura inconscia di essere cattiva e immorale, il che porta a un comportamento perfezionista. Passa la sua vita a voler fare 'perfettamente'.

La sua principale paura è quella di commettere errori. Questa ricerca della perfezione la fa vivere nel giudizio permanente di se stessa e degli altri, e la spinge fino al controllo della sua rabbia.

PROFILO 2 : Credenza "Tutto va bene se e solo se sono amato/a e vicino/a agli altri"

Questa personalità nutre una paura inconscia di non meritare di essere amata. La sua felicità e il suo valore personale dipendono dal riconoscimento degli altri. Non esiterà quindi a sacrificarsi per loro nel tentativo di far piacere. Questa ricerca di riconoscimento può farle vivere frustrazione e rabbia contro tutti coloro che non mostrano sufficiente gratitudine verso di lei. Deve stare attenta al suo orgoglio di essere una 'brava persona' a tutti i costi

PROFILO 3 : Credenza "Tutto va bene se e solo se io riesco' successo".

Questa personalità prova una paura inconscia di essere una persona senza valore. Passa la sua vita a interpretare il ruolo di una persona che riesce in tutto per essere riconosciuta, ammirata e amata. Non esita a sedurre i suoi interlocutori per ottenere ciò che cerca. La sua ricerca del successo la porta a non sapere più chi è veramente, cosa vuole veramente e quali sono i suoi sentimenti reali. Deve stare attenta alla sua tendenza a mentire per servire i suoi interessi.

PROFILO 4 : Credenza "Tutto va bene se e solo se sono autentico/a e vero/a con me stesso/a"

Questa personalità prova una paura inconscia di essere banale e incompresa. Passa la sua vita a voler essere diversa e allo stesso tempo, questa differenza può portarla a sentirsi respinta.

La ricerca di autenticità si traduce in un profondo bisogno di vivere intensamente le sue emozioni. È molto in contatto con il suo mondo interiore. Ha un'anima d'artista. Si focalizza spesso su ciò che le manca e deve rispondere al suo desiderio per colmare questa mancanza.

PROFILO 5 : Credenza "Tutto va bene se e solo se so, se padroneggio il mio argomento."

Questa personalità prova un'angoscia inconscia di non capire il mondo e gli altri, il che crea una paura di non essere in grado di affrontare.

Passa la sua vita ad accumulare conoscenze per compensare questa paura. Ha bisogno di rifugiarsi nella sua testa, di prendere le distanze, di staccarsi emotivamente per proteggersi. Questo meccanismo di protezione la porta spesso a isolarsi e a sembrare distaccata e fredda.

Deve stare attenta al suo desiderio di conservare le sue conoscenze per sé, come un modo di avere potere per proteggersi da un mondo esterno complesso.

PROFILO 6 : Credenza "Tutto va bene se e solo se copro le mie spalle e faccio ciò che si aspetta da me."

Questa personalità leale prova una paura inconscia di essere sola e impotente in un mondo pericoloso senza nessuno che la sostenga. Passa la sua vita a dubitare e ad avere paura di avere paura.

Tende a vedere pericoli ovunque e a voler anticipare tutti i rischi. Questa ricerca di certezza e lealtà la porta a temere il tradimento.

Questa costante esitazione ansiosa la porta a utilizzare una strategia di anticipazione, ma anche a rimandare la decisione o l'azione. Questa personalità controlla la sua spontaneità per proteggersi.

PROFILO 7 : Credenza "Tutto va bene se sono felice e mi faccio piacere"

Questa personalità prova un'angoscia inconscia all'idea di provare privazione e sofferenza. Passa la sua vita a voler soddisfare il suo insaziabile desiderio di piaceri stimolanti. Questa ricerca la porta a vivere così tanto nella sua testa e nella sua mente, che finisce per disperdersi e perdersi in tutte le direzioni.

Questa ricerca del piacere e la fuga dalla sofferenza possono portarla a tagliarsi fuori dagli altri. È la strategia dell'attività mentale per essere sempre in accordo con se stessa e così proteggersi dalla paura, dalla tristezza e dalla sofferenza.

PROFILO 8 : Credenza "Tutto va bene se e solo se sono forte e controllo la situazione"

Questa personalità prova una paura inconscia di perdere il controllo e di essere debole in un mondo potenzialmente ingiusto. Passa la sua vita a voler mostrarsi forte. Può essere tentata di chiudersi emotivamente per indurirsi.

Questa ricerca del controllo può portarla ad avere comportamenti eccessivi. È la strategia della negazione della realtà al servizio della forza e del potere per neutralizzare l'emozione e la sofferenza. Questa personalità coraggiosa è sempre pronta a lottare per difendere ciò che considera giusto.

PROFILO 9 : Credenza "Tutto va bene se e solo se tutti intorno a me stanno bene"

Questa personalità prova una paura inconscia di essere perduta o separata. Passa la sua vita a volere a tutti i costi la pace e l'armonia nella sua vita e nelle sue relazioni.

La sua paura è di vivere un conflitto e lo evita con tutti i mezzi. Questa paura può portarla alla pigrizia che le permette di non passare all'azione, che per lei è potenzialmente pericolosa. Può arrivare fino all'abbandono di sé e dei propri desideri per conservare l'armonia intorno a lei ed evitare i conflitti.

Quali sono i tre profili di personalità che ti somigliano di più ?

. . . .

. . . .

. . . .

. . . .

. . . .

. . . .

Tra tutto ciò che hai letto sui 9 profili di personalità, in quale momento ti sei detto/a : questo è esattamente me ?

. . . .

. . . .

. . . .

. . . .

. . . .

. . . .

Quali collegamenti fai tra la credenza fondamentale inconscia del tuo profilo e il tuo comportamento nella vita ? Di cosa prendi coscienza ?

. . . .

. . . .

. . . .

. . . .

. . . .

. . . .

Cosa potresti cambiare nella tua personalità per non subire più alcuni eccessi ?

. . . .

. . . .

. . . .

. . . .

. . . .

. . . .

Come ti sentiresti se alcuni tratti del tuo carattere fossero meno pronunciati ?

. . . .

. . . .

. . . .

. . . .

. . . .

. . . .

I MIEI MOMENTI PER PRENDERMI CURA DI ME

Scrivi in ogni casella le cose che ti piace fare per prenderti cura di te e che ti fanno stare bene.

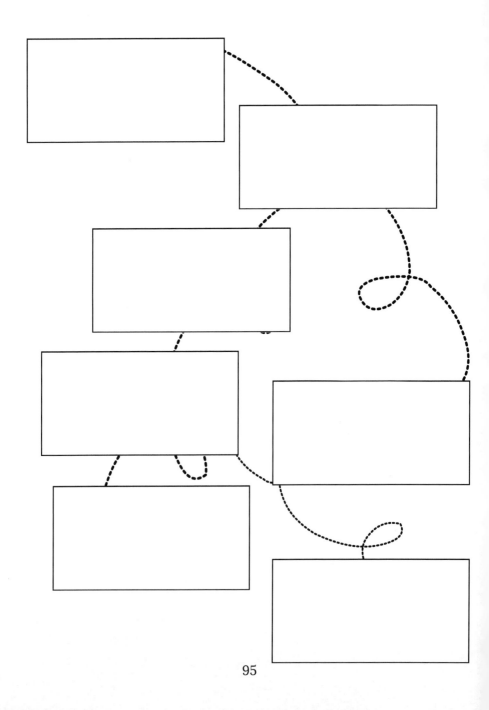

"Mi dispiace, papà, non sono stato/a ciò che volevi che fossi."

"Il primo passo per ottenere ciò che vuoi, è lasciare ciò che non vuoi più."

Nella nostra ricerca della felicità e del successo, è fondamentale comprendere che tutto inizia con un primo passo.

È naturale aggrapparsi a ciò che ci è familiare, anche se non ci apporta più gioia né soddisfazione. Ciò che ci trattiene è la paura dell'ignoto, la paura di lasciare la nostra zona di comfort e di affrontare le incertezze che accompagnano il cambiamento. Tuttavia, è proprio lasciando alle spalle ciò che non ti realizza più, che crei spazio per accogliere nuove opportunità.

Questo può sembrare intimidatorio. Ad esempio, lasciare un lavoro o porre fine a una relazione può suscitare la paura del fallimento, dell'ignoto, o ancora la paura di non essere all'altezza o la preoccupazione di essere giudicato dagli altri. Ma prendendo la decisione di liberarti di ciò che non ti si addice più, apri la porta a nuove possibilità, accogliendo l'opportunità di esplorare il tuo potenziale creando una vita che risuona veramente con i tuoi valori.

Ricordati, ogni passo ti avvicina un po' di più alla realizzazione dei tuoi desideri, quindi non aver paura di intraprendere il cammino verso ciò che veramente vuoi nella vita. Liberati di ciò che non ti fa più vibrare e apriti a nuove possibilità. Lascia che la tua passione, la tua determinazione e la tua volontà ti guidino. Il potere di creare la vita che desideri è nelle tue mani. Sei l'unica persona che può venire a salvarti e cambiare la tua vita !

"Accidenti, non sapevo che fossi così infelice..."

"Sì, lo sapevi, preferivi solo fingere di non essere al corrente."

IMPOSTARE DELLE ROUTINE

Cosa mi procura gioia ?

. . . .
. . . .
. . . .
. . . .
. . . .
. . . .
. . . .
. . . .
. . . .

Come posso integrare queste cose nelle mie giornate, più spesso ?

. . . .
. . . .
. . . .
. . . .
. . . .
. . . .
. . . .
. . . .

Quali attività mi calmano ?

. . . .
. . . .
. . . .
. . . .
. . . .
. . . .
. . . .
. . . .
. . . .

Come posso trasformarle in una routine ?

. . . .
. . . .
. . . .
. . . .
. . . .
. . . .
. . . .
. . . .

IMPOSTARE DELLE ROUTINE

Come posso prendere cura
del mio corpo ?

. . . .
. . . .
. . . .
. . . .
. . . .
. . . .
. . . .
. . . .
. . . .

Gli alimenti nutrienti che
posso mangiare :

. . . .
. . . .
. . . .
. . . .
. . . .
. . . .
. . . .
. . . .

Le mie attività preferite :

. . . .
. . . .
. . . .
. . . .
. . . .
. . . .
. . . .
. . . .
. . . .

Il mio sport preferito :

. . . .
. . . .
. . . .
. . . .
. . . .
. . . .
. . . .
. . . .

CURA PERSONALE

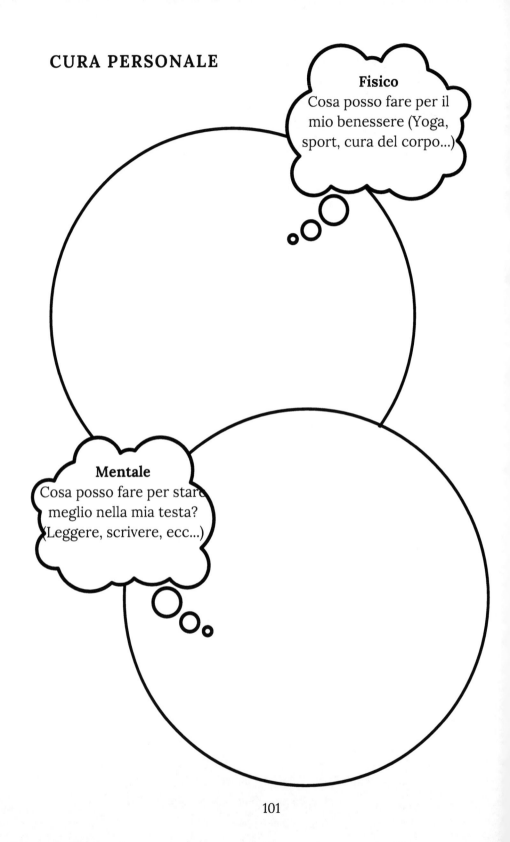

Fisico
Cosa posso fare per il mio benessere (Yoga, sport, cura del corpo...)

Mentale
Cosa posso fare per stare meglio nella mia testa? (Leggere, scrivere, ecc...)

L'angoscia

Di fronte a tutto e a niente,
La paura di perdere tutto, e di diventare un nulla,
Paura di essere di troppo tra gli altri,
Paura di essere il simbolo del vuoto in ogni istante.

SFIDA DEI 30 GIORNI

Ripeti queste 8 piccole frasi ogni mattina per 30 giorni.

Questo ti aiuterà a ritrovare più fiducia in te stesso/a !

1 Sono unico/a e credo in me stesso/a.

2 Merito di essere amato/a così come sono.

3 Posso fidarmi delle mie intuizioni.

4 Oso affermarmi senza sentirmi in colpa.

5 Sono capace di realizzare i miei sogni.

6 Mi amo, sono unico/a e fiero/a di me stesso/a.

7 Ho il diritto di fallire, ma posso decidere di andare avanti.

8 Sono circondato/a e le persone mi amano per quello che sono.

Qual è il tuo sogno?

Più di tutto, voglio salvare me stesso/a da me stesso/a...

"L'ansia sociale è una delle prime reazioni alla paura dell'ignoto."

John B. Mason

L'ansia sociale si manifesta in diversi modi e generalmente si traduce in paure e diverse preoccupazioni legate alle interazioni sociali. La persona che ne soffre può sentirsi intrappolata e ritrovarsi in un circolo vizioso di preoccupazioni e apprensioni, il che può rendere difficile, se non impossibile, proseguire una vita normale.

La paura di uscire di casa, di trovarsi in mezzo alla folla, di sentirsi giudicato/a, o semplicemente la paura di avere un attacco d'ansia in pubblico, porta alla messa in atto di strategie, come ad esempio preparare scuse in anticipo per lasciare rapidamente un evento nel caso in cui non ci si senta bene, o aspettare l'ultimo momento per confermare la propria presenza. Lo scopo è di diminuire lo stress e il disagio provati in alcune situazioni. Tuttavia, queste strategie possono avere l'effetto di rafforzare l'ansia a lungo termine.

Quando l'ansia sociale diventa troppo invadente e interferisce con la vita quotidiana, può essere diagnosticata come disturbo d'ansia generalizzato. Purtroppo, molte persone non comprendono sempre l'impatto reale dell'ansia sociale sulla vita di chi ne soffre. Commenti del tipo 'è nella tua testa', 'respira e passerà' o 'perché sei ancora stressato/a' possono essere ben intenzionati, ma spesso minimizzano l'importanza di questa sofferenza e possono essere feriti per la persona interessata.

Ricordati, se soffri di ansia sociale, non vergognarti di parlarne, molte più persone di quelle che credi ne soffrono anch'esse. Confidati con persone di fiducia, potranno aiutarti a sentirti a tuo agio e offrirti supporto. E non esitare a farti accompagnare da un professionista che saprà darti il suo aiuto.

La depressione

Questa persona malvagia,
che ti attira verso di sé,
E in un istante,
Fa crollare tutto il tuo mondo.

Sei ipersensibile ?

Spunta le caselle che ritieni corrispondano alla tua situazione.

☐ Reagisci fortemente a scene di film ? (Tristi, d'azione, ecc)

☐ Sei sensibile agli ambienti rumorosi o molto frequentati, oppure alla quiete della natura?

☐ Hai intuizioni o la capacità di percepire le emozioni altrui ?

☐ Ti capita di essere sopraffatto(a) dalle tue emozioni, anche in una situazione che sembra totalmente banale ?

☐ Tendi ad avere molta empatia verso gli altri, inclusi persone che non conosci bene ?

☐ Piangi facilmente e spesso ?

☐ Sei attratto(a) dall'arte, sia che si tratti di pittura, scultura, musica, letteratura... ?

Queste descrizioni non sono esaustive e possono variare in base alla persona. Se pensi di essere ipersensibile, è importante tenere conto di questa ipersensibilità, perché può essere un vero vantaggio per te. Ti permette di decifrare le tue emozioni per capirti meglio e per comprendere meglio gli altri.

Ricordati, non lasciare che nessuno ti rimproveri per la tua ipersensibilità perché è una vera forza !

Come gestire le mie emozioni in 3 passi ?

1 Prendere coscienza delle mie emozioni...

Quando... (Registro l'evento così com'è)

. . . .

. . . .

. . . .

2 Capire le mie emozioni...

Ho provato : (sensazioni fisiche)

. . . .

. . . .

. . . .

Ho espresso : (Quale emozione? Tristezza, paura, rabbia, disgusto, ecc...)

. . . .

. . . .

. . . .

Identifico il mio bisogno : (Essere tranquillo, stare a casa, condividere le mie sensazioni, ecc)

. . . .

. . . .

. . . .

3 Agire e Interagire...

Come posso soddisfare questo bisogno ? Cosa posso fare concretamente per soddisfare il mio bisogno :

. . . .

. . . .

. . . .

. . . .

. . . .

. . . .

. . . .

. . . .

. . . .

. . . .

. . . .

. . . .

. . . .

. . . .

. . . .

. . . .

. . . .

. . . .

"Amatevi abbastanza da avere una visione di voi stessi che vi sollevi al di sopra del vostro stato attuale."

Anon

La mancanza

Mangio,
Appena sto male,
Mangio tutto il tempo,
Ne ho bisogno,
Poi ingrasso,
Allora mi sento in colpa,
E mangio, ancora,
Mi rendo malato, Ma è più forte di me.

Caro(a) te,

Il tuo dolore è legittimo,

Non lasciarlo definirti,

Sei unico(a) e prezioso(a)

Non lasciare che nessuno ti svaluti.

Distaccati dallo sguardo altrui,

Le persone che ti amano capiscono.

Nulla si perde, tutto si trasforma.

Credi in te stesso(a).

Respiro e mi sento meglio.

Hai mai sentito parlare della coerenza cardiaca ?

La coerenza cardiaca è uno stato fisiologico ed emotivo particolare che si ottiene grazie a un'armonizzazione dei battiti del cuore con la respirazione. In stato di coerenza cardiaca, la respirazione diventa regolare e ritmata, il che favorisce un equilibrio del sistema nervoso autonomo tra il sistema simpatico (responsabile della reazione allo stress) e il sistema parasimpatico (responsabile del rilassamento e della ripresa).

La coerenza cardiaca permette soprattutto la riduzione dello stress, dell'ansia, il miglioramento della concentrazione e del benessere emotivo generale.

Praticando regolarmente questo esercizio di respirazione puoi migliorare la tua capacità di gestire la tua ansia per favorire il tuo equilibrio emotivo.

Si raccomanda di praticare 3 volte al giorno, 6 respiri al minuto per 5 minuti.

3/6/5

Ma puoi iniziare a praticare la coerenza cardiaca 1 volta al giorno per familiarizzare con questa pratica e aumentare gradualmente il ritmo.
Esistono numerose applicazioni di coerenza cardiaca disponibili sul tuo smartphone.

La pratica della coerenza cardiaca è semplice.

Trova un luogo tranquillo dove potrai sederti comodamente senza essere disturbato(a) per qualche minuto.

Siediti in una posizione comoda con la schiena dritta e le spalle rilassate.

Concentrati sulla tua respirazione: Inizia a respirare naturalmente, prendendo respiro lento, profondo e regolare.

Per entrare in coerenza cardiaca, si consiglia di respirare a un ritmo di 6 respiri al minuto :

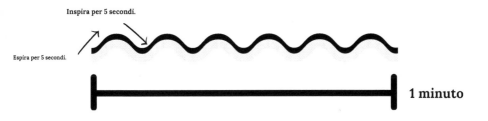

Inspira per 5 secondi.

Espira per 5 secondi.

1 minuto

Puoi utilizzare questa curva o un'applicazione di coerenza cardiaca per aiutarti a seguire questo ritmo.

Durante la tua respirazione, puoi anche immaginare un luogo tranquillo e piacevole, oppure immagina il tuo respiro che circola in tutto il tuo corpo.

Ricordati, è importante notare che la coerenza cardiaca è una tecnica semplice e sicura per la maggior parte delle persone. Tuttavia, se hai qualsiasi problema di salute, devi assolutamente consultare il tuo medico prima di iniziare questa pratica respiratoria.

La mia agenda di coerenza cardiaca

Annota la data e segna una casella quando hai terminato la tua sessione; come promemoria, si consiglia di fare 3 sessioni di 5 minuti al giorno !

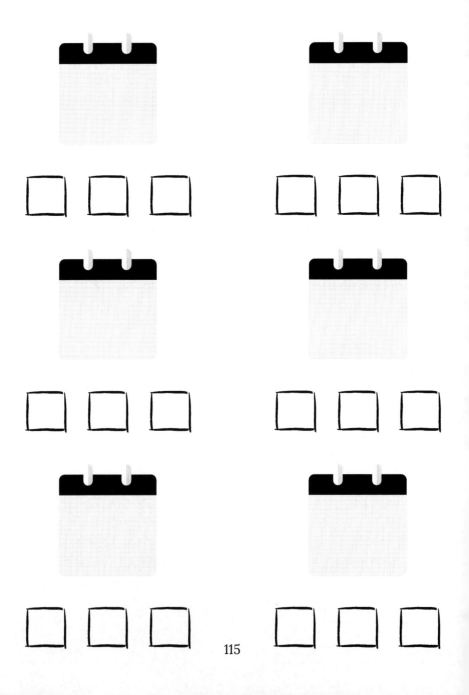

La mia agenda di coerenza cardiaca

Annota la data e segna una casella quando hai terminato la tua sessione; come promemoria, si consiglia di fare 3 sessioni di 5 minuti al giorno !

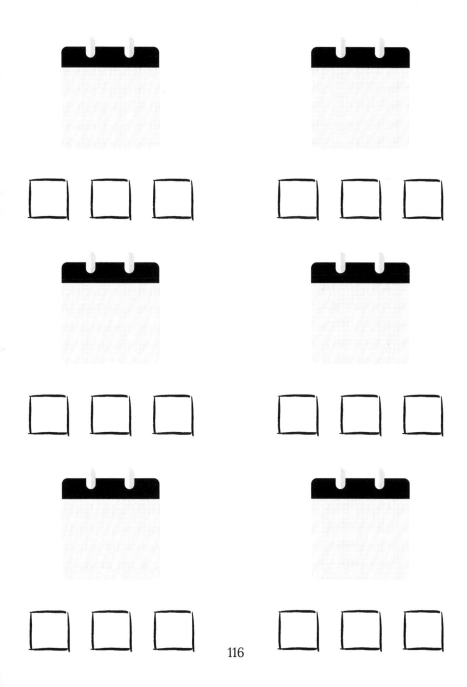

Mi sento male,

Mi sento come uno specchio rotto,

Quando gli altri cercano di aiutarmi,

si feriscono con i frammenti di vetro,

Allora, lascio tutto in pezzi per non causare
più dolore a nessuno.

E rispondo "sì", quando mi chiedono se sto bene.

Fai di te stesso la tua priorità,

A volte, fare di te stesso la tua priorità significa solo ascoltarti, e concederti un piccolo momento per te.

Ma altre volte, significa dover attingere tutta la tua energia, superarti per poter semplicemente uscire di casa.

Qualunque sia la tua situazione, datti tutta l'attenzione di cui hai bisogno, metti te stesso al primo posto, fai di questo il tuo dovere, la tua priorità.

La mia scala di sfida :

Questo esercizio mira a trasformare situazioni stressanti in sfide personali, incoraggiandoti ad affrontarle progressivamente per superare le tue paure e sentirti orgoglioso(a) di averle realizzate.

In ogni casella, annota una situazione che ti stressa e che non osi più affrontare per paura di sentirti a disagio. (Per esempio, andare in un luogo pubblico, partecipare a un'attività con sconosciuti, parlare in pubblico davanti a un gruppo, ...)

Metti nelle caselle tutte queste situazioni, iniziando da quelle in cui ti senti leggermente a disagio (casella in basso) e finendo con quelle che oggi ti terrorizzano (casella in alto).

Quando ti senti pronto(a), affronta la sfida che hai scelto. Può essere difficile all'inizio, ma **ricordati** che l'obiettivo è uscire dalla tua zona di comfort e progredire! Dopo aver completato la sfida, barrala e celebra il tuo successo, o anche il tuo fallimento! In ogni caso, avrai provato, avrai affrontato la tua paura e avrai quindi superato la sfida! Sii orgoglioso(a) di te !

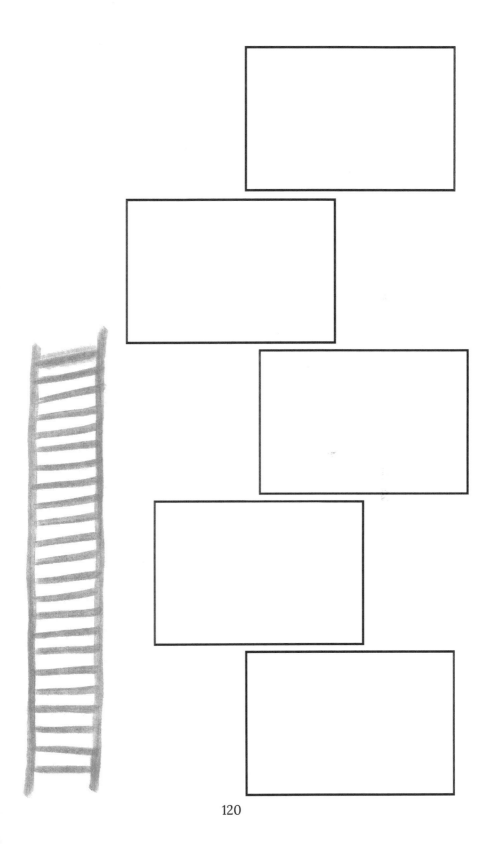

ESERCIZI DI YOGA : 7 minuti per rilassarsi

5 minuti di meditazione

30 secondi

20 secondi

20 secondi

20 secondi

20 secondes

Capire i miei dolori e le mie emozioni :

Testa : Pensieri, preoccupazioni, sovraccarico mentale, eccessive preoccupazioni o stress.

Consiglio: Prenditi del tempo per rilassarti, pratica la meditazione e riposati !

Gola: Legata alla capacità di esprimersi, può riflettere difficoltà nel comunicare i tuoi sentimenti, le tue esigenze o le tue opinioni.

Consiglio: Incoraggia scambi più aperti e onesti !

Spalle: Portano il peso delle responsabilità e delle preoccupazioni. Prendi troppo su di te.

Consiglio: Impara a delegare, a stabilire dei limiti sani e a fare delle pause regolari per alleggerire questo carico emotivo e fisico !

Pancia : "Il secondo cervello", è il luogo dove le tue emozioni vengono sentite più intensamente. Potrebbero essere emozioni represse o preoccupazioni profonde.

Consiglio: Prenditi il tempo di riconoscere e accettare le tue emozioni, e lavora sulla loro liberazione !

Piedi : Simboleggiano la connessione con la terra. Sensazione di squilibrio, di perdita di stabilità o di mancanza di sicurezza.

Consiglio: Pratica la consapevolezza e ricollegati alla natura per ritrovare un sentimento di radicamento !

Senti un dolore fisico tra questi ? Se sì, cosa potresti migliorare nella tua vita per liberartene ?

. . . .

. . . .

. . . .

. . . .

. . . .

. . . .

. . . .

. . . .

. . . .

. . . .

. . . .

. . . .

. . . .

. . . .

. . . .

. . . .

Le cose che svuotano la tua energia :

Cercare di essere perfetto(a).

Cercare di controllare ogni situazione.

Confrontarsi.

CERCARE DI DARE DI SÉ UN'IMMAGINE CHE NON È LA NOSTRA.

Giudicarsi.

Aggrapparsi ai nostri errori.

VEDERE SOLO I LATI NEGATIVI.

Vivere nel passato.

Volere impressionare gli altri.

Non tenere conto dei nostri bisogni.

OPPORSI AI CAMBIAMENTI.

Fingere di star bene, quando non è il caso.

Cercare l'approvazione degli altri.

Dove sei ?

Cosa ricordi di questo libro ?

. . . .

. . . .

. . . .

. . . .

. . . .

. . . .

Hai identificato meglio i fattori scatenanti della tua ansia ?

. . . .

. . . .

. . . .

. . . .

. . . .

. . . .

Quali progressi hai fatto nella gestione delle tue emozioni ?

. . . .

. . . .

. . . .

. . . .

. . . .

Quali sono i cambiamenti positivi che hai notato nella tua vita da quando hai iniziato questo lavoro su te stesso ?

. . . .

. . . .

. . . .

. . . .

. . . .

. . . .

Hai messo in atto esercizi di auto-cura per affrontare i momenti difficili ? Se sì, quali ?

. . . .

. . . .

. . . .

. . . .

. . . .

. . . .

Come immagini il tuo futuro oggi, hai altri obiettivi per ridurre ulteriormente la tua ansia ?

. . . .

. . . .

. . . .

. . . .

. . . .

. . . .

Se in futuro dovessi dirti qualcosa in caso di un nuovo episodio depressivo o ansioso, cosa ti diresti ? Rileggi queste frasi ogni volta ne avrai bisogno !

. . . .

. . . .

. . . .

. . . .

. . . .

. . . .

. . . .

. . . .

. . . .

. . . .

. . . .

. . . .

. . . .

. . . .

. . . .

. . . .

. . . .

. . . .

Voglio ringraziarti per la tua fiducia e il tuo impegno lungo tutto questo libro.

Arrivando a questa ultima pagina, sappi che credo in te e nella tua capacità di superare le sfide che la vita potrebbe presentarti. Questo libro è stato scritto con la speranza di offrirti supporto. Usalo come un strumento nei momenti difficili.

So che il cammino potrebbe sembrarti lungo, ma ricorda che non sei solo/a. Girando quest'ultima pagina, ti incoraggio a continuare questo lavoro su te stesso/a, perché ogni passo che fai è un passo verso una maggiore fiducia nella tua capacità di affrontare e un futuro felice.

Meriti la felicità, continua a credere in te stesso/a.

Victoire Charlie

Printed by Amazon Italia Logistica S.r.l.
Torrazza Piemonte (TO), Italy

60345316R00076